(J)uhu,
geschafft!

W0465823

GROH

Puh!

Die letzte Zeit war ja
so was von anstrengend …

Ganz schön
viele **Hürden,**
die du **überwinden**
musstest.

Oft wusstest du
überhaupt nicht mehr,
wo dir
der Kopf steht!

Dazu noch
'ne strenge **Jury,**
die dich ganz genau
im Auge hatte.

Kein Wunder,

dass einem da Angst
und Bange wird …

… und man verzweifelt
nach einem
Schlupfloch
sucht …

... oder einer **Schulter** **zum Anlehnen.**

Aber

weißt du

was?!

Es ist vorbei!

Du hast es

geschafft!!!

Schau nicht so skeptisch –
du hast es **geschafft!**

(Wirklich)

Auch wenn du es selbst
noch nicht ganz **glauben**
kannst.

Alle **freuen** sich
mit dir...

... und ich mich
ganz **besonders!**

Es war ein **Berg**
voll Arbeit – aber jetzt
bist du **ganz oben**
angekommen!

Zeit, sich einmal
richtig zu **belohnen,**
oder?

Also spann
die **Flügel** auf …

... und flieg einfach mal

spontan

in den Urlaub.

Oder mach mal wieder
ein **schönes, langes**
Nickerchen ...

… ohne dass jemand meint,
du hättest ja eigentlich
Wichtigeres zu tun.

Vorbei

mit dem schlechten
Gewissen!

Stattdessen hast du
jetzt genug **Zeit**
für ausgiebige Treffen
mit Freunden.

Wenn sich jemand
eine **supertolle Zeit**
verdient hat,
dann bist das **du!**

(J)uhu, geschafft!

Das war ’ne runde Sache, ich bin **sooo stolz** auf dich!

Schweinehund & Co.

In dieser Reihe sind außerdem erschienen:

LEBE LIEBER MOPSFIDEL!
ISBN 978-3-86713-358-6

DAS LEBEN IST DOCH EIN PONYHOF
ISBN 978-3-86713-360-9

GUTE FREUNDE KANN NIEMAND TRENNEN
ISBN 978-3-86713-610-5

Immer eine gute Geschenkidee: www.groh.de

Autorin:
Klara Sophie Lechner

Bildnachweis:
Titel, S. 7: iStockphoto/Thinkstock; S. 3, 37: Aflo/f1online; S. 5: Freudenthal Verhagen/Stone+/Getty Images; S. 8, 9: Gavriel Jecan/Photodisc/Getty Images; S. 11, 19, 24, 25: Imagebroker/f1online; S. 13: Art Wolfe/Stone/Getty Images; S. 14, 15: Bridge/f1online; S. 17: Hemera/Thinkstock; S. 21, 32, 33, 39: All Canada Photos/f1online; S. 23: Flying Colours Ltd/OJO Images/Getty Images; S. 27: Alaskastock/f1online; S. 28, 29: Reporters/f1online; S. 31, 35, Rückseite: Life On White/Photodisc/Getty Images; S. 41: Comstock/Thinkstock; S. 43: Cusp/f1online; S. 45: Ronald Wittek/Photographer's Choice/Getty Images; S. 46, 47: Michael Blann/Stone+/Getty Images.

Idee und Konzept:
Groh Verlag.

ISBN 978-3-86713-361-6

117013-4253-01

Ein Lächeln schenken

Geschenke sollen ein Lächeln auf Gesichter zaubern und die Welt für einen Moment zum Stehen bringen. Für diesen Augenblick entwickeln wir mit viel Liebe immer neue GROH-Geschenke, die berühren.

In ihrer großen Themenvielfalt und der besonderen Verbindung von Sprache und Bild bewahren sie etwas sehr Persönliches.

Den Menschen Freude zu bereiten und ein Lächeln zu schenken, das ist unser Ziel seit 1928.

Ihr

Joachim Groh

GROH